제10회 동주문학상 수상시집

엄마가 언니를 낳아줬으면 해

달을쏘다 시선 *026*

제10회 동주문학상 수상시집

엄마가 언니를 낳아줬으면 해

달을쏘다 시선 026

1쇄 인쇄 2025년 11월 25일
1쇄 발행 2025년 11월 29일

지은이 김종미
펴낸이 문정영
펴낸곳 도서출판 달을쏘다
편집위원 이혜미 고선경
등록번호 제2019-000003호
등록일자 2019년 1월 10일
주소 03131 서울특별시 종로구 율곡로 6길 36. 월드오피스텔 1102호
전화 02-764-8722, 010-8894-8722
전자우편 poemmtss@naver.com

ISBN 979-11-6243-656-1 (03810) 종이책
ISBN 979-11-6243-657-8 (05810) 전자책

값 12,000원

· 이 책은 부산광역시 부산문화재단의 기금을 받아 발간되었습니다.

· 이 책의 전부 또는 일부 내용을 재사용하려면 반드시 저작권자와 도서출판 달을쏘다의 동의를 받아야 합니다.

· 이 도서의 국립중앙도서관 출판시도서목록(CIP)은 서지정보유통지원시스템 홈페이지 (http://seoji.nl.go.kr)와 국가자료공동목록시스템(http://www.nl.go.kr/kolisnet)에서 이용하실 수 있습니다.

· 저자의 의도에 따라 작품의 보조 동사와 합성 명사는 띄어쓰기가 달라질 수 있습니다.

· 본문 페이지에서 한 연이 첫 번째 행에서 시작될 때에는 〈 표기를 합니다.

· 이 시집은 교보문고와 연계하여 전자책으로도 발간되었습니다.

엄마가 언니를 낳아줬으면 해

김종미 시집

시인의 말

아이들은 모두 자라 어른이 된다

이것은 피터팬의 첫 문장이다 그런데

이 명징함에 놀라는 아이가 있다

명징함이 아니라 문장에 놀란다

문장은 말보다 힘이 세구나

나는 아이를 안으면서 글을 쓰는 내가 두려웠다

2025. 11. 김종미

■ 차례

1부

피의 면회	13
물	14
나는 누구세요?	16
그리움 없는 흉터	18
애매하고 판명한 밤	20
봐, 이렇게 사는 거야	22
놀라는 것은 어디가 아프다는 것	24
엄마가 언니를 낳아줬으면 했다	26
패스, 모로코	28
니가 인간이가?	30
너는 뾰족한 수가 많구나	32
나 하나의 청소업체	34
nice to CU	37
나는 지금 독서 중 입니까	38

2부

오버 룩	43
확진을 받고 싶은 날의 날씨	44
6월 30일	46
예배	48
비는 미역 줄기처럼	50
슈거 포인트	52
나는 김해김씨다	54
슬픈 짐승	56
슬픔을 숨기는 건 시끄럽다	58
당신에게도 상처가 있나요?	60
실물	62
3	64
쿠사마 야요이 면회 사건	66
형광분홍빛 매니큐어	68

3부

안녕하세요 고객님 연분홍	73
제라늄	74
성희라는 성희	76
너의 목 위에 내 얼굴이	78
우리 사이	80
생선 요리가 있는 디너	82
머그샷	84
주먹 쥔 고양이	86
가위바위보	88
헬륨 풍선으로 가득 찬 방	90
내게 거짓말을 해 줘	92
발설	94
누님이라는 말	96
2025년 3월 비화飛火	98
후회	99
진행	100

4부

우는 여자	105
말린 살구 한 알이 놓여 있는 커다랗고 흰 접시	106
우리 애인은	108
사회생활	110
마지막 잎새	112
서식지	114
모범답안	116
몽상가들	118
개와 고양이	120
여행의 기록	122
늙어서 성공했다	124
골목시장	126
버나드 쇼에게 고함	128
살사댄스	129

해설 욕망하는 신체와 분열하는 언어   131
       고봉준(문학평론가)

1부

피의 면회

유리창에 빗물이 도착한다, 라고 쓰기 전에 핏물이라고 잘못 썼다 내친김에 도착하는 피의 얼굴과 마주친다, 라고 쓰니 내 얼굴이 되었다 포옹할 수 없을 때 우리는 두 팔보다 눈빛이 더 유용해진다 피의 얼굴은 언제나 매달려 있다 빠르게 추락하고 다소 망설이며 추락하고 언제나 자살 직전의 표정이다 내 안에 너무 많은 내가 있는 것처럼 이 무수한 핏방울들은 피의 인격이다 이것은 면회의 방식이기도 한데 오늘따라 검은 하늘은 너무 많은 핏방울을 풀어 놓는다 깊이 흘러가 본 적이 없다면 비슷한 죄를 되풀이할 것이다 듣고 있자니 온몸의 피 다 빠져나가는 것 같다 한 방울이 한 방울을 덮친다 가고 오지 못할 여정처럼 온종일 말할 수 없는 것들을 마주하고 있다

물

수소가 둘 산소가 하나라니

남자가 둘 여자가 하나
여자가 둘 남자가 하나

어느 것이 물에 가깝습니까

끈적이는 생각을 닦아냅니다
끈적이는 것은 질색이라는 생각을 닦아냅니다

끈적이는 당신과 물에 빠집니다
빠진 후로 수영을 합니다 물에서 살아가는 방식이지요
우리는 숨을 멈춘 이후에 최대한 경쾌해집니다

숲에서는 숨을 멈추지 않아 좋습니다
산이 좋니 바다가 좋니
내기를 좋아하는 사람들은 모순을 즐기지요

네가 좋아

그 소리가 듣고 싶어서요

〈
숲은 시끄러운 물속
물속에서 쏟아지는 물
속에서 자라나는 물방울 물방울 물방울

내가 산소라고 믿을 때 두 명의 아름다운 수소가 나타나 내 팔장을 낍니다

나는 지금 흐르는 중입니다 혹은

당신의 배꼽에 빠지기 직전이거나 당신의 목젖을 통과하는 중입니다

나는 누구세요?

이 우울은 단순히 생활 기스일까

흰색의 보호색이 흰색뿐이라면 어딘가 거짓말을 숨겨놓았을 거야

나선형의 거짓말 단단한 것을 파고들기 좋지

화이트하우스가 유행이라고 여자는 벽지를 모두 뜯어내고 흰 페인트칠을 했다

화이트하우스는 베스트셀러가 아니고 스테디셀러야

울지도 말고 웃지도 말고 말도 하지 마 그녀가 신경질적으로 흰색에 공을 들이는 동안 실수라는 얼룩 위로 흰 페인트가 쏟아졌다 우리는 즐겁게 춤을 추기 시작했다

파티하기 좋은 집이구나 하얀 드레스를 입고 오세요 전언도 없었는데 바다는 흰 파도를 입고 제일 먼저 도착해서 시끄럽다 마당으로 계속 운집하는 흰 구름 결혼식도 하고 출산도 하고 육아도 하고 환갑도 칠순도 팔순도 드디어 백수白壽 화이트하우스다 헌사가 추도사가 되고 알록달록한 꽃다발이 하얀 국화가

되도록 화이트하우스는 스테디셀러

첫 장만 읽고 읽지 않아도
하루 만에 다 읽고 빌려준 책이 파도를 타고 돌고 돌아도

흰색은 흰색이었던 기억으로 흰색

덧칠을 반복하고 반복해도 사춘기가 오고 재빨리 갱년기가 왔다

뒹구는 나사를 집어 들고 또 집수리할 때가 됐나 봐, 벌써?

응, 아직 안 죽은 것 같애

그리움 없는 흉터

 이티처럼 머리통이 큰 나는 모자만 쓰면 비행접시냐고 묻는다 파리에서 지금 도착했는지 곧 파리로 출발할 것인지 궁금해했다 왜 하필 파리일까 피리도 있고 피아노도 있는데 게다가 비행접시는 에펠탑보다 음표를 닮았다

 그런 날은 머리통을 좀 줄여야 하나 고민을 하다가 머리통보다 허리통을 줄이는 게 더 쉬울 것 같아 오늘은 방울토마토만 먹을게요

 아무도 듣지 않는 대답을 한다

 방울토마토는 붉은색 별, 붉은색 별은 차갑지만 오랫동안 존재하는 별이라는데 차갑지만 오래 존재하다니 갑자기 무서워져서

 밤하늘 쪽으로 방울토마토를 버린다 몇 알은 폭죽처럼 터졌다

 십수 년 전 몸을 버린 아버지에 대한 그리움은 내 아들까지
 그 이후엔 그리움 없는 흉터
 터지는 폭죽은 구경하기 좋아 자정까지 아들과 아버지 얘기

를 했다

 빠르게 타오르다 사라지는 것은 오히려 푸른색 별이라는데

 세상에서 가장 아름다운 것은 깨끗이 사라지는 일 그러나

 밤하늘일 거야 동그란 소년의 머리통 위 푸른 별 하나 파르르 타오르다 꺼져버린 자국이 있다

애매하고 판명한 밤

밤의 속살을 먹기 위해 밤을 깎는다

밤이 어둡다고 하는 사람은 밤에 대해 잘 모르는 사람
밤의 껍질을 한 번도 깎아보지 않은 사람

칼은 손아귀에 꽉 쥐어지는 작은 것이 좋다

한 손에 잡은 밤은 엄지와 검지로 장악하고
야심 차게 밤의 껍질에 칼끝을 대어보지만
단단하고 매끄러운 감촉

두려워, 끝까지 할 수 있을까

단단하고 거칠었던 사람도
매끄럽고 부드러웠던 사람도

떠나갔다 떠나갔다는 생각만 해도 가을이 들이닥치고
나의 계절엔 순서가 없었다

쉽게 사랑에 빠져버리는 습관을 버리려고
〈

밤의 껍질에 칼을 꽂는다
아주 깊게도 말고 아주 얕게도 말고 속살이 닿는 깊이까지

그렇지 않으면 또 하나의 불친절한 운명을 만나야 한다
밤은 속껍질을 보였다가 말았다가
변검술을 보이며 나를 현혹한다

밤은 깊어 질수록 밝아지며
별들이 별자리를 찾아가고

바닥에 수북이 쌓이는 밤의 껍질들은
흩어진 낱말 카드처럼 섞인다 마구 섞여 있어도
문장을 만들고

나는 말이 없어진다 내가 아는 것은

밤의 속살이 단단하고 부드럽고 달콤하다는 것

봐, 이렇게 사는 거야

  요동치는 내 마음을 좋아해

  어제는 죽고 싶었고 오늘은 살만하다가 그저께는 울고 싶었고 내일은 햇살만으로도 흐뭇했다

  내 마음이 피아노 건반처럼 요동쳐서

  너는 나를 감상한다 눈을 감고
  눈 뜨기를 바래

  거울에 비친 너를 봐

  거울이 깨질 때 나는 소리가 좋아

  아무 소리 없이 깨어져 산산조각 흘러내리는 것이 있지
  아, 그건 정말 무서운 일이야

  맨발로 정원을 밟았는데 흰 발바닥에 흑장미가 피었어
    흑장미는 쉽게 사랑에 빠지고 쉽게 실연을 당하는 종족이라 좋아
    타인의 불행에 위로받는 편은 아니지만

이미 충분히 불행했고 충분히 행복했으므로

나는 요동치지

너에게 들려주고 싶지만
차라리 듣지 않는 게 나았겠어 이런 위로나 들을까 봐
너라는 청중은 빼고 나는 연주되지

모든 아름다운 것이 몰려오고
모든 추악한 것이 몰려와 나를 행복의 끝으로 내몰지
거긴 언제나 창 하나가 놓여 있는데
폭풍이 부는 창밖은 정말 멋있어
머지않아 태양이 비칠 거야 하지만 반짝이는 날들이란…

기도하려고 두 손을 모으지는 않아

가령 기도란 어디까지 이기적일까

  그냥 요동치고 싶어 내버려두면 작은 음표들이 귓바퀴로 미끄러져 모두 익사해버리지 정말 깨끗하지 않아?

놀라는 것은 어디가 아프다는 것

당신은 다 나았습니다

이 한마디면 다 나아 버릴 병에 걸렸는데
아무도 나에게 그런 말을 해주지 않아서
병이 낫지 않는다

성모의 현신을 목격하지 않아 예수를 믿지 않는 사람처럼
성당 밖만 돌며 두 손을 모으지도 않고 기도도 하지 않는다

하루걸러 병원에 다니는 친구도
주일마다 성당에 다니는 친구도 아프다고
아파 죽겠다고

산에 가서 커다란 참나무에 텅텅 등을 치고 비벼댄다

뒷산에서 짐승 우는 소리가 들린다

정말 병을 잡아먹는 짐승이 살까
희망은 희망 쪽으로 절망은 절망 쪽으로
새끼를 친다
〈

지붕 위로 가볍게 뛰어내리는 별똥별 무겁게 방이 흔들린다

그런데도 아무도 문 두드리지 않고
전화벨도 울리지 않는다

전화기를 두고 집을 나온 건 오래전 일
자기와 하룻밤만 동침하면 병도 낫고 성령으로 가득 찰 것이라는 남자는

수염도 없고 너무 평범하게 생겨서 지금도 놀라는 중이다

엄마가 언니를 낳아줬으면 했다

머리카락과 속눈썹이 긴 언니가 머리카락과 속눈썹이 긴 인형을
내게 보여줬으면 좋겠다
같이 인형을 안고 있으면 한 몸이 되는
어질고 착한 언니를

엄마, 언니를 낳아줘요

물웅덩이 가에 앉아 나는 자주 노래를 불렀다
언니의 얼굴이 물 위에 비쳤다

봄은 여름에 밀리고 여름은 가을에 밀리고 가을은 겨울에 밀렸다

엄마가 낳은 동생들에게 차례로 밀리자 나는 다시 봄이 되었다
달달하고 외롭고 아픈 봄이었다

엄마, 고양이를 한 마리 낳아주세요

나는 다시 물웅덩이로 갔다

〈

노래를 부르면 나는 차례 없는 봄이어서
갈라지고 찢어지고 터져서 화창하고 초라했다

한 방울 눈물이 더하자 물웅덩이가 넘칠 듯 출렁거렸다

젖은 신발을 벗어놓고 돌아가지 않았다

패스, 모로코

좁을수록
낡을수록
길을 잃을수록

아름답다

나 하나 걸으면 꽉 차는 골목길

골목을 입고 골목을 걷는다

저쪽에서 걸어오는 사람과 등이 닿고 팔이 닿고
한참을 비비다 지나가도 기억나지 않는다

하지만 냄새

땀과 향신료가 섞여
내 몸으로 스며드는 순간이 강렬하다

어머니를 통해 느끼는 먼 할머니의 체취처럼

좁다고

낡았다고
길을 잃었다고

생목숨 쥐어짜다

광장에 갇힌 적 있다

모든 것이 길이거나 아예 길이 없는 곳
사람과 사람 거리가 먼 곳

나 하나의 존재가 작은 돌멩이처럼 던져져 있는 곳

크게 소리친 적 있다

골목을 돌아돌아 다시 내게로 돌아오는 내 목소리
저음부터 잃을 실 따위 없었던

니가 인간이가?

이것이 인간이 듣는 최고의 욕이라는 말 듣고
잠시 참혹했다

티브이 속 동물의 세계

사자가 어린 임팔라 여린 목덜미에 모질게 이빨을 꽂고
사자 식구들 빙 둘러앉아 허겁지겁 고기 살점 뜯어 먹다가
머리 큰 수놈 사자 잠시 고개 들어 피 칠갑한 얼굴 보여줄 때

왜 장엄한가

하얀 식탁보 위 촛불까지 밝히고
한껏 모양낸 스테이크
잘 드는 나이프로 썰어 우아하게
붉은 루주 바른 내 입술로 밀어 넣을 때

티브이 속 저녁 뉴스

날마다 살인사건 하나쯤 흘러나오고
제 손으로 죽인 남편을 넣은 트렁크 끌고 가던 여자
길거리에서 뜨거운 어묵국을 사 먹는 장면

〈
왜 먹는가

배불러도 먹고
배고파도 먹고

니가 인간이가? 라는 말에
내가 인간인가?

허기가 몰려다니며
손톱을 물어뜯는다

피맺힌 손가락을 봉순이에게 내어주자
관심이 없다 상냥하게 흔드는 꼬리

옥상에 널어놓은 팬티는 잘 말랐을까
갈아입을 팬티가 없다

너는 뾰족한 수가 많구나

4월의 남부 이탈리아 나폴리 지나 포지타노 가는 좁은 해변 도로에 선인장

형광빛 도는 노란 레몬트리도 아니고 선인장

보랏빛 레이스 치마 치렁치렁 늘어지는 등꽃도 아니고 선인장

머리에서 머리가 자라나고 몸통에서 몸통이 자라나는 기괴한 선인장

초록도 아니고 연두도 아닌

선인장은 무엇으로 나를 꼬드기는가

선인장만 보면 달려가 사진을 찍어대는 내게
왜 선인장을 좋아하세요? 라고 묻는다면 가시가 있어서

내 몸에 가시를 키우고 싶다고 생각한 적이 있었다
나는 두부처럼 물컹하고 무너지고 으깨졌지
〈

너는 뾰족한 수가 많구나
　무뚝뚝한 몸에 뾰족한 가시들을 숭숭 꽂고 있는 너에게 실없이

　나는 말려든다

　가시를 숨기지도 않고 미사여구도 교언영색도 없는데
　국적이 멕시코라는 것 외에 너에 대해 아는 것도 없는데

　어쩌나, 사기를 치든 연애를 하든 내겐 별수가 없다

나 하나의 청소업체

첫 번째 쾌락은 발칵 뒤집는 것

왜 시를 쓰세요? 라고 묻는다면 쾌락을 위하여
왜 청소를 하세요? 라고 묻는다면 쾌락을 위하여

쾌락은 무엇인가 묻고 싶다 대답하는 자여

 15년 된 식당 부엌은 기름때의 역사 보존이 필요해요 이런 말을 기다렸을지 모른다 열악한 환경일수록 먹을 게 많다 도망치는 시커먼 고리대금업자 뒷다리가 길게 발달하여 도망치기 좋다더니 쏜살같아 다행이다 화장을 고치고

카바레로 간다 탈탈 털리기 전의 침묵 속에 앉아 마이크도 켜보고 조명도 돌려본다 검은 고무장화 신고 분홍 고무장갑 끼고 오늘따라 나는 섹시하다

   스텝

       스텝

           스텝

 바닥이 유난히 끈적인다 고강도 작업이 예상된다 음식 기름

때보다 사람 기름때가 더 지우기 어렵구나 화장을 고치고 찌든 카펫 속 땅콩 이쑤시개 담배꽁초를 발굴해 내고 변기가 즐비한 화장실을

                닦는다
        닦는다
닦는다   난다
                    재미가 난다
        이제 좀 재미가 난다

왜 청소를 하세요? 쾌락을 위해서

검은 솔을 들고 시를 쓴다 몰입 중이라면
쓸고 쓰는 자여 우린 동종 직업이다

화장은 왜 고쳐요?
고객이 묻는다

얼굴도 예쁜데 왜 이런 일을 해요?

답을 가르쳐 주지도 않을 거면서 질문하는 사람들

〈
많은 시도를 했죠
한 방에 터지는 일은 없었어요
시구를 판다*는 것이 무엇인지 알고 싶었어요

몸을 망치기 전에 화장을 고치고 웃지 않는다

* 말라르메.

nice to CU

   여기는 24시간 문을 열어놓으니까 필요하면 언제든지 와요 알았지? 그토록 듣고 싶었던 말 편의점 사장에게서 들었다 엄마도 절친도 나를 들었다 놓았다 했다 24시간 찾을까 봐 눈빛을 close했다 식당에 갈 때도 몇 시에 문을 여나요? 전화를 하고 술 한 잔도 커피 한 잔도 몇 시까지 하나요? 확인한다 세상은 확인이라는 뚜껑으로 닫혀 있다 뚜껑을 따다가 쏟아지고 깨지고 버려지고 세상은 대부분 액체였다 액체는 나를 젖게 만들고 사랑하게 만들고 떠나게 만들었다 규칙적으로 밤이 찾아온다 불규칙적으로 나는 당신이 필요하다 내가 필요하면 모두 당신이다 새벽 두 시의 불면이 함부로 찾아가 풍덩 빠져드는 온열의 바다 당신이 있다

나는 지금 독서 중 입니까

어둠 속에서 한 남자가 문을 열고 들어왔다
눈을 감고 누워 있는데도 그 남자가 보였다
은밀한 동작으로 나를 타고 넘어 벽 속으로 사라졌다
사라지고 난 후 누구야!
일어나 소리치며 법석을 떨었다

깨어나야 물을 수 있다

소름 돋는 답이 필요해서 또 잠을 잔다

아무렇게나 엉켜서 잠들지 않는 머리카락
사이 사이 작은 새들을 풀어 줘

수면 한가운데로 흘러가 떠돈다

열심히 잠을 자도 이번엔 꿈이 안 온다
개 한 마리도 나타나지 않는다

누가 뭐래도 나는 처녀고
요즘은 그런 것 중요하지 않다고
묻지도 않는 말에 대답하는 대낮 같은 아버지

숫처녀인 어머니는 있지만
숫총각인 아버지는 없다고
밑줄을 치라한다

밑줄은 뱀처럼 움직여

움직이는 쪽으로 움직이고 멈추는 곳에서 멈춘다
어둠 속에서

두꺼운 벽을 접어 책장에 꽂으려는 찰나

문장 하나가 사납게 짖는 소리에
깜빡 잠이 깬다

2부

오버 룩

　우리가 만날 때 그녀의 가방에서는 항상 무엇인가 나온다

　허리 굽은 바나나가, 서둘러 싼 김밥이, 구겨진 곶감이, 벗어 던진 슬리퍼가 있는 카페로 흘러나온다 눌린 떡이, 삶은 계란이, 검은 양갱이, 해안가 밀려온 수초처럼 테이블에 쌓인다 열세 살 때 네 명의 어린 동생을 두고 엄마가 저세상으로 떠난 후 생긴 버릇이다 그녀가 꾸깃꾸깃 싸 온 음식을 받아먹으며 나는 늘 과하게 웃는다 허술한 것에서 반짝이는 것이 보인다면 눈물일 것이다 생각보다 슬픔을 감추는 일 쉽다 생각보다 웃어버리는 일 어렵다 그녀는 예쁘다 엄마 없이 언제 그렇게 예뻐졌는지 늘 궁금하다

　그녀는 모자 쓰는 것을 좋아하고 뼈가 잘 부러지고 약속이 많다 어느 것이 진짜 그녀인지 알 수 없지만 나는 그녀의 모자가 되고 싶다 모자를 쓰면 그녀는 늘 돋보인다

확진을 받고 싶은 날의 날씨

 어깨가 아파서 병원에 갔는지 병원에 가서 어깨가 아픈지 모르겠다 나는 점점 더 어깨가 아프고 의사는 아프다가 안 아프다고 하는 것이 정상이라고 했다

 정상은 힘든 것이 틀림없다

 그렇다면 묻고 싶다 비정상은 어떤 것인가 항상 아프거나 항상 아프지 않은 것? 그렇다면 항상이라는 것은 어디서 어디까지인가 생각해 보니 나는 항상 아픈 것 같다 언제부턴가 병원은 나의 종교 의사는 면죄부인지 처방전인지를 건네주고 또 아플 것이 틀림없다는 듯 예약을 잡아준다

 이 고통과 무미건조함과 불면과 때아닌 졸음

 아무래도 나는 비정상인 것 같다 나는 비정상인가요? 오늘따라 확진을 받고 싶지만 의사는 여전히 아무 말도 듣지 않았다

 문득 오던 비가 그치고 그친 비가 다시 내린다는 어느 날의

일기예보가 신통하게 맞는다는 생각이 든다 그날은 어깨가 아프지 않았다

6월 30일

사과를 반으로 딱 자르는 순간 반이 없어졌다

사라졌다

보이지 않는다

죽은 자식 때문에 산 자식 구박하듯
절망이 희망을 구박하고
남은 반쪽 사과를 베어 물지 못한다

베어 물지 않아도 사과가 돈다
사과는 돌았다 빨갛게
한 입 닳아버렸다

맛도 보지 못하고 사과가 사라진다

외투를 한쪽 팔만 낀 채
바지를 한쪽 다리만 넣은 채
오른쪽 눈만 뜨고
오른쪽 턱으로만 씹으며
살아온 것은 아니다

〈
오늘은 더 건강해졌을까 아령을 들었다 놓고
달콤한 사탕을 빨다 뱉어버린다

그렇다고 해서 다 기억되는 것은 아니다
기억은 남은 반쪽 사과 안에 있다

어쨌든 감쪽같이 사과를 붙여버리고 싶은데

7월 1일이다

예배

터키 에베소 유적지 즐비한 돌기둥 중 하나
꼭대기에 고양이 한 접시 차려져 있다

신을 위한

한 접시의 축원
한 접시의 고요
한 접시의 기도

나는 올려다보며 잠깐 경배했으나

내려올 때
사뿐히 땅을 딛는 것은

한 접시의 잠
한 접시의 휴식
한 접시의 권태

신은
떠도는 고양이의 숨겨진 발톱에 신겨져 있나
〈

말씀은 이루어지는 일 없이 부드럽게 진화하고
지구촌 어디에서나 은밀히 현신하시는

고양이

벗어놓은 적 없는 신을 나는 구름 속에서 보네

비는 미역 줄기처럼

다 큰 아들은 엄마가 노브래지어로 있으면 늘 불만이다
아들은 너무 보수적이다
보수적인데 더 보수적이어야 한다고 나는 생각한다
말하자면 브래지어 이전의 시대로

미역국을 모르던 시절로

맨살의 엄마와 아들이 비 오는 날 동굴 입구에 앉아 비 구경하는 생일
  엄마가 아기를 탄생시키고 아기가 엄마를 탄생시킨 날
  나의 울음봉오리가 낱낱이 웃음으로 꽃필 때 비가 와서 좋았어
  무리 지어 와서 좋았어 울어줘서 좋았어

비는 미역 없는 미역국
  처음과 끝이 같이 연주되는 음악 결국 질긴 인연
  후루룩 마신다 너는 진한 모유를 그래서 내 아가

몇억만 년 동안 한 번도 진보하지 않은 형식으로 비가 내린다
  그날의 기분에 집중하며 비가 내린다

그래 내일은 어떤 기분이니? 묻다가

잠깐 잠이 든 사이

조그만 케이크 조각을 덜렁 던져놓고는 자기 집으로 돌아가 버렸다

케이크를 푹푹 떠먹고 있는 엄마에게 아이구 독약을 먹는군 끌끌 혀를 차는 21세기 아들은

슈거 포인트

 죽을 듯이 외롭고
 죽일 듯이 외로운
 투병은 슈거 포인트까지

 이렇게 몸에 검은 반점이 생기기 시작하면 최고로 단맛을 내지요
 얼굴이 파리한 점원 아가씨는 아직 설익은 바나나인가
 난 좀 더 오래 두고 먹기 위해 점원보다 더 새파란 바나나를 고른다
 내 집에서 하루하루 단맛 드는 녀석은 나의 롤리타
 어느 날은 맛이 제대로 들기도 전에 뒤 지퍼부터 툭 열어버리는
 발칙한 녀석이 오기도 했지만

 나는 검은 뿔테 안경 쓴 아저씨 미끈한 소녀의 잠꼬대를 즐기지
 거실 의자에 앉아 독서 중이지 적나라한 미완성의 세계

 단맛이 제대로 들면
 살 오르는 병이
 얼마나 황홀했는지 모든 색깔의 절정

네 몸에 검은 꽃 피어난다

오, 롤리타, 목숨을 끝내기 딱 좋은 시기야
그 이후의 목숨은 다만 지루한 연명이라는 걸 너는 알고 있는 게 분명해

껍질을 벗기고 바나나를 먹는다, 다디달다

나는 김해김씨다

우리나라 어디서나 볼 수 있는 소나무

토끼풀, 민들레, 무꽃…

그래도 나는 김수로왕의 후손이라고 너스레를 떨었지만

알고 있지

조선시대 어느 노비를 풀어주면서 손쉽게
선물처럼 준 성씨라고도 하고
쌍놈이 양반 자리 살 때 하사받은 성씨 중 김 씨가 많다 하네

일부러 내게 그런 말을 흘리는 너는 발가락이 열 개
굽 높은 구두를 즐겨 신지

알고 있니

요즘은 하얀 쌀보다 거뭇한 보리쌀이 비싸고
보리쌀보다 노르끼리한 좁쌀이 더 비싸지

내 아버지의 아버지의 아버지의… 그 중

누군가 때 절은 흰 두건 벗어 던진 적 있는지 모르겠지만
나는 흰 치마를 펴서 검은 밤을 갈아 시를 쓰네

노비가 장원 급제를 하고
한겨울에 매화꽃 만발하고
매화 향기 내 나라를 넘어 태평양을 넘네
미국 땅을 사고 그 땅의 주인이 될 수 있어

진품인지 가품인지 관심이 없지만

마지막 황제보다
마지막 노비가 더 멋있지 않니

슬픈 짐승

손질된 산낙지를 가져다주는 손이 있다

살았다는 것은 이런 것인가
젓가락을 고쳐 쥐고

접시 안의 열정은 필사적으로 부드럽고 고요하다

접시 위에서는 접시 밖으로
침대 위에서는 침대 밖으로

어디 가니
질문도 없이
넌 누구니
대답도 없이

잘린 다리로 간다

낙지도 아니고 뭣도 아닌데
산 것도 아니고 죽은 것도 아닌데

간다

〈
산다

덜렁거리던 손 하나가
손가락 하나를 쭉 펴서 목숨 하나를 지적한다

슬픔을 숨기는 건 시끄럽다

바쁘게 움직이는 척하느라 그릇이 부딪치고
우습지도 않은데 서로의 등짝을 치며 크게 웃고
입가를 훔치지도 않은 채 매운 것을 먹고

아, 너무 매워

근데 맛있지?

시끌벅적 몰래 서로의 눈물을 훔치며
오늘도 즐거운 하루
아이를 본다

아이는 지금 떠날 것이다

달달한 사탕과 무릎이 깨지는 즐거움과
갑작스러운 물벼락과 신비한 밤의 공포를 뒤에 남겨두고

내가 간다는데 왜 아무도 슬퍼하지 않지?

아이가 그렇게 말했을 때
우리는 모두 간신히 들고 있던 슬픔을 놓치고

슬픔이 바닥에 떨어져 와장창 깨지는 소리를 들었다

용케도 그때 그 애는 고개를 돌려 제 눈물을 훔쳤다

당신에게도 상처가 있나요?

절벽에서 발을 헛디딘 뱀이 추락한다

추락하는 한순간도 거두절미하면 날아가는 한순간이 될 수 있어
내가 본 것은
날아가는 뱀

한순간의 절박함에 대해

당사자인 당신과
구경꾼인 나는 시선을 나눈 적도 없는데
당신을 잘 아는 것처럼 말했다
하나의 마침표로 완성되는 문장을 만들었다

당신에게도 상처가 있나요? 내게 묻는 사람
실은 나도 추락 중이라
당신과 눈 맞춘 적 없다

우리는 소 닭 쳐다보듯 허기가 없는 관계였구나
누우 떼 바라보는 악어처럼
안다는 것은 그런 거지

서로의 허기 속에서 서서히 제 살이 되어가는 서로의 슬픔

물음표도 느낌표도 제 몸에서
추락하는 마침표를 가지고 있다

실물

나는 실물일까 가만히
거울 속 내 얼굴을 만지며 한 번도 실물을 본 적이 없는 얼굴이란 생각을 한다

보지도 않고 제 입속에 정확하게 밥을 떠 넣는 불가능의 가능성을
문득 깨달아버린 정신과 의사는
순한 무릎을 맛보듯
자기 팔꿈치를 맛보려고 혀를 내밀어 우스꽝스러운 사투를 벌이지

살아 있는 척하는 당신들은
모르는 척하는 것이다

자벌레 곁을 가늘고 긴 뱀 한 마리가 스르르 지나갈 때
낭비가 아름다운 시간이 있다

천천히 귀를 만진다든지 이마를 만지면
이승에서 가장 먼 곳을 걸어가는 기분

인사하는 마네킹은 허리의 각도만 중요하다

〈
그냥, 웃었는데 비웃었다고 화를 낸다면
가만, 있었는데 화냈다고 화를 낸다면
나는 내 얼굴에 대한 의심이 든다
그런 기분은 재판에 회부되지 않고

촉촉한 생화라고 만져보았는데 까칠한 조화였거나
까칠한 조화라고 만져보았는데 촉촉한 생화였다면
그 반반의 가능성에 대해
내 손은 실물일까 그런 생각을 한다

오독의 쓸쓸함을 이겨내기 위해 내 얼굴의 촉감을 잊고
네 얼굴의 촉감을 기억해야 할까

쏟아지는 빗속에 오래 손을 내밀고 있어 본다

3

뒤집힌 벌레를 보았다
산다는 것은 치열하게 몸부림치는 거란 걸 이제야 알았다고
심하게 발버둥 친다
다리가 많은 것일수록 절박해 보이지만 절망에 대해서는
다리의 수는 별문제가 안 되는 것 같다

누워 있는 내 옆에 3이 누웠다
3개의 다리를 버둥거리다가 나를 바라보며 말했다
넌 다리가 네 개구나

두 개든 네 개든 난 일어날 수 있어

난 좀 오만해졌다 아무려면
벌레보다는 낫지 않은가

벌떡 일어나 책을 펼치는데
3페이지 3번째 줄에서 걸려 넘어져 아직 일어나지 못하는
나를 만난다 버둥거리며

방바닥을 살펴본다 버둥거리던 3이 없어졌다
〈

치열하게 싸워야 할 전선이 아직 두껍게 남은 책
이제 시작인데 자꾸 뒤집혔다 일어난다
그러다 발버둥 치는 3을 툭 건드렸는지도 모르겠다

3은 빠르게 달아났을 것이다 치욕을 내게 넘겨주고

쿠사마 야요이 면회 사건

　그녀는 내가 아는 유일한 외계인이다. 가끔 빈 맥주 캔을 구기며 구겨진 그 공간에 존재하는, 나는 자주 그녀를 방문한다. 그녀는 눈동자 없는 눈으로 나를 똑바로 바라보고 나는 흰자위 없는 눈으로 그녀를 훔쳐본다.

　훔쳐보는 떨림, 악보가 만들어지는 순간이다.

　불발이 뻔한 시한폭탄 초침이 돌아간다. 뻔을 게 뻔한데 폭탄주를 마구 돌리는 기분. 깨진 보석은 서로 속고 속이면서 반짝인다. 당신은 사기꾼입니까?

　너무 눈이 부셔 검은 나비들이 떠도는 시야. 발을 헛디디는 쾌락. 나를 어지럽게 만드는 축복. 손가락 하나 까딱하지 않고 내 목에 목줄을 채우는 그녀. 나는 무력해진 두 손을 버리고 앞발을 들어 올린다. 한 자리에서 맴돈 길이 얼마나 멀리 뻗었는지 별자리 같다.

　떨어진 빗방울은 다시 승천하여 그녀의 물방울이 되고 퍼져앉은 노란 호박의 패션이 된다. 링거 수액이 흐르는 길, 좁고 좁은 병동으로 방울방울 떨어지며 들어가면
　〈

한없이 팽창하거나 한없이 수축하는 물질이 느껴진다. 일시에 타오르거나 얼어붙는 냄새가 난다. 붉은 가발을 덮어쓴 그녀가 노란 물감을 내게 바른다. 주문은 반복될수록 아름다워져서 물결처럼 처녀의 몸이 돌아온다.

 노란색은 얼마나 많은 노란색을 함축하는가. 석양을 마주하고 나는 호박처럼 정성껏 앉아 있다. 얼마나 시간이 흘렀을까. 시간이 흐른다는 게 사실일까. '곧 끝나리'라고 기대하는 나에게 그녀는 결코 '얼마 남지 않았다'라고 말하지 않는다.

형광분홍빛 매니큐어

가장 퇴폐적으로 되고 싶을 때
할 수 있는 손톱만 한 반란

주먹을 쥐고 싶지 않을 때

분홍이 마음에 들어요, 그것도
형광빛이 스민

그 발칙한 기분이 좋아요

매니큐어 바른 손톱을 세워 손톱의 나라로 들어간다
잘라도 잘라도 자라나는
머물러도 일 센티쯤 허공에 떠 있는

두근거리는 심장 박동을 손끝으로 내몰았어요

살며시 얼굴만 만질게요
손만, 손만 잡을게요 그 전에

두근거리는 손톱을 봐 줄래요?
〈

내 몸은 지도자의 윤리에 맞게 세팅되어 있습니다

한때는 머리길이도 치마길이도 윤리적이었지요

당신이 명령하기 전, 그 전에

3부

안녕하세요 고객님 연분홍

여기까지 보이는 문자가 떴다

광고 문자가 틀림없는데 연분홍 미끼를 덥석 물었다

창유리 달달한 춘삼월만 아니었어도
맨살에 시스루 블라우스 살짝 걸쳐 본
그때 비치는 연분홍 꽃망울이 아니었어도

스팸 삭제해버렸을 문자

-벚꽃이 아름다운 아침입니다. 벚꽃보다 더 예쁜 미소로 행복한 하루 만드세요. 그리고 미세먼지가 심한 날입니다. 공기정화기 무료점검하고 있습니다. 연락주셔요.

손바닥만 펼쳐도 손가락 가지에서 벚꽃이 피어나는 시절인데

거미도 떠나버린 거미줄
어둡고 습한 그곳에도 연분홍 꽃잎 떨어져 잠시 흔들린다

버둥거리는 팔다리라도 있다는 듯

제라늄
―故 정성희에게

췌장을 잘라낸 친구가 일 년 후에 간을 조금 잘라내고

그럭저럭 피어나다 일 년 후에 위를 반쯤 잘라내고 이삼 개월 가까스로 더 피었다

베란다 난간에 함부로 꽃을 피워대는 제라늄

세상을 함부로 대하는 자세가 부러워

피는 꽃보다 시드는 꽃이 점점 더 많아지더니 친구는 끝내 죽었다

그녀를 담아 키우던 화분 버리지 못하는 구멍

뽑아내야 할 시간이 무성하게 자랐다

잡초 뽑아버리고 흙마저 털어낸 뒤 햇살 뒤엉키는 그곳

한 묶음 제라늄 심고 머리 풀어 헤치도록 그대로 두었다

함부로 그리움 피어나 담배 연기처럼

〈
함부로 나를 울리도록 그대로 두었다

성희라는 성희

그녀는 항상 나를 똑바로 바라보지
나를 바라보면서 먼 곳을 바라보지

아주 즐거울 때는 약간 울고
아주 슬플 때는 약간 웃지

나는 그녀가 다정하게 굴면 이상해
브런치 메뉴 앞에서 오래 고민하는 내게
먹어, 먹어 내가 사줄게
그러면 나는 언니라고 부르고 싶어

선의로 가득한 차갑고 무표정한 표정
가게의 브런치는 대체로 맛이 없지만

그녀는 토끼처럼 샐러드를 잘도 먹네

나는 한 끼도 굶어 본 적이 없어 그녀는
영양제를 먹는 방식으로 식사를 하지

영양제도 잘 안 먹고 식사도 잘 건너뛰는 나는
악의로 가득 찬 따뜻하고 부드러운 표정을 짓지

〈

우리 쩐내 나는 담배꽁초나 주워서 빡빡 빨아볼까
포르투 여행이나 갈까 이번에야말로 죽이는
애인 하나 만들어보자

이 년 전 담배를 끊었고 포르투엔 석 달 살기를 했고
애인 없이 어찌 사느냐고 말하는 그녀의 표정은 정색이다

차가운 것이 기이하게 따뜻하다

너의 목 위에 내 얼굴이

너에 대해 쓴 시야

네게 보이면
너는 왜곡된 거울을 보듯이 민망해한다

이게 나야?

너일 수도 있고 아닐 수도 있어

거울을 보며 내가 정말 이렇게 생겼을까
한없이 어여쁘거나 한없이 추한

앞면은 유린데 뒤집으면 깜깜하다

깜깜한 뒷면 때문에 내 얼굴이 보인다면

깊이를 알 수 없는 어둠을 가볍게 들여다본다

오랜만에 거울을 보면 부스스 머리카락이 빠진다

나인 것 같기도 하고 아닌 것 같기도 하고…

〈
너는 부끄러운 듯 웃는다고 하면 착각일까
혹시 화가 났을까

내 얼굴이 내 목 위에 붙어 있는 한 나는 나를 볼 수 없다
얼굴보다 목에 대해 생각해 보아야 할까

다음엔 너의 목에 대해 써볼게

우리 사이

케이크는 소금과 설탕을 쳐서 만들고
국은 소금만 넣어 끓인다
찌개는 고추장 고춧가루 다 넣어 끓이고
밥은 아무것도 넣지 않고 짓는다

감칠맛을 돋우는 간에 대해 생각한다

가락국수에 고춧가루를 뿌려 먹는 사람은
다 같이 고춧가루를 뿌려 먹자고 권유한다
웃으며 우긴다
고춧가루 없이 무슨 맛으로 먹냐고 시비를 건다

서로 간을 보다가 빈 그릇을 만난다
빈 그릇은 이제 서로 헤어질 시간이라는 명령어
우리는 헤어지면서 정이 든다

우리 사이엔 많아도 적어도 불편한 것이 있다
그 불편함이 없으면 우리 사이가 아니다

그들이 우리가 될 때 한 냄비 속으로 들어온다
우리는 비슷한 맛이 될 테지만

끝까지 서로를 알아본다

차이가 우정을 깊게 만들지
깊은 것은 무서워 빠져들기 때문이야
차이를 없애려고 눈썹에 똑같은 문신을 한
여자들이 쏟아져 나오는 거리

오늘도 남자들은 비슷한 이유로 각자 사랑에 빠진다

생선 요리가 있는 디너

물고기 눈을 감기고
나도 가끔 눈을 감으며
생선을 먹는다

눈알부터 파먹는 것은
물고기에 대한 나의 배려이다

섹스할 때 불을 끄듯

벌거벗고 누워 있는 너의 쾌락을
극치로 끌고 가고 싶기 때문이다

아니다 내가 극치로 끌려가고 싶기 때문이다

오늘도 같은 자세 같은 방법

삶과 죽음 두 가닥 젓가락이
우리 사이를 오간다

부드러운 살점을 삼키다가
잘못하여 그만 가시를 삼킨다

〈
고통과 쾌락은 극치에서 표정이 닮는다

오늘은 다른 자세 다른 방법

이태리식으로 먹어도 마찬가지다

머그샷

화면을 똑바로 보고 오른쪽으로 천천히 고개를 돌리시오
왼쪽으로 천천히 고개를 돌리시오

머그샷도 아닌데 나는 증명되어야 한다
죄 없는 로봇이 아니라 죄 많은 인간으로

당신은 로봇입니다
이렇게 나올까 봐 가슴이 두근거린다

확실히 로봇이 아닙니다
이 말에 안심이 된다

여전히 거짓말하고 훔치고 때리고 욕할 수 있다니

이봐요
지하철에서 딱 붙어 앉은 옆 사람을 툭 건드린다

당신은 로봇입니까?

시시티브이를 고속으로 돌리면 누구나 로봇 같다
전기 먹은 듯 일사불란하게 걷고 먹고 일하고

〈

타고 내리고 떠나고 도착하고

옆 사람은 내 질문을 듣고도 화내지 않는다
이어폰을 끼고 눈도 깜짝이지 않은 채
움직이는 화면을 바라보고 있는 움직이지 않는 화면

아무래도 로봇 같다

주먹 쥔 고양이

주먹을 꽝 내리치면 문장이 끝날까
주먹을 말아 주머니에 숨기고 오래 길을 걷는다

손을 펼치면 주먹은 다섯 갈래로 찢어진다
부드럽게 관절이 꺾인다는 것을 신기하게 생각하지 않은 것이 신기하다

길을 잃었는데 부드럽고 부드러워서 길을 잃는다

옆에 앉아 전철을 기다리는 덩치 큰 남자가 두 손의 관절을 뚝뚝 부러뜨렸다
화가 난 것 같았다
크게 입을 벌려 하품했다
지루한 것 같았다

눈이 마주칠까 봐 얼른 주먹을 꺼내 펼쳤다
책을 읽는 척했다.
책 읽는 것이 재미난 척했다

책 속엔 온통 주먹질이다
한 문장이 다음 문장으로 건너가려고 싸운다

하기야 극적인 화해가 감동스러우니까

식당에 들어서니 고양이기 손을 흔든다
웃는 얼굴이 무표정하다

어이! 고양이! 주먹 좀 쥐어 봐, 끝을 내자구!

가위바위보

"실력이 아니라 운명이야"라는 말도
"운명이 아니라 우연이야"라는 말도

승자와 패자가 있는 한
이해되지 않는다

판은 언제나 뒤집힐 수 있다고
너를 위로하면서 나를 위로했다

너는 작은 손을 꼬무락거리는 아이

이것은 규칙일 뿐이야
이기고 지는 것은 중요하지 않아
너에게 말하는 형식으로 나에게 말했다

먼저 손을 내놓기 싫은 것은 본능일까
숨을 참으며 곁눈질을 하면

웅덩이만 보면 뛰어드는 신발들

첨벙첨벙 자르고 부수고 싸매면서

〈
더 신나는 길을 만들어줘
가파르게 올라갔다가 뛰어내리는 걸 즐기는
어린 너에게

점점 희미해져서 사라지기 전
시원하게 져주고 싶다

그런데 그것도 잘 안된다

헬륨 풍선으로 가득 찬 방

대낮부터 켜놓은 촛불
날이 어두워지자 점점 더 밝아진다

전등은 켜지 않기로 했다

아침부터 놀던 친구들은 돌아가지 않고
어둠에 취해 어둠으로 손목을 긋고

벽에는 거대하게 자란 그림자 일렁이는 귀

헬륨을 주입한 입술들
알록달록 천정으로 올라가 들러붙은 입술들
어둠 속에서 색깔이 분명해지는 입술들

퍼낼수록 맑아지는 기분은
반복할수록 새로워

수다는 완성되기 위해 무의미해진다

무의미해서 우리는 신이 되는 순간을 만든다
〈

죽은 것을 살리고 산 것은 죽이는 깨알 같은 재미

아, 신은 그래서 인간의 운명을 만드셨구나

우리들의 수학을 만드셨구나
열심히 하면 다 풀린다니까

공식만 알면 그까짓 거

헬륨 풍선으로 가득 찬 방이 우주로 떠오른다
촛불이 스러지고

다 엿들어, 엿들어줘, 제발

내게 거짓말을 해 줘

취향과 개성은 벗어 주머니 속에 넣으시고
앞머리 옆머리 뒤로 다 넘기시고 똑바로 정면을 보셔요

여권 사진이 나왔다

이게 뭐야 이게 나라구?
고개 들어 아저씨… 부르지도 않았는데
똑 닮았구먼요
그 말에 그냥
여권 사진 들고나온다

낯선 나라에서
내가 나라고 증명하는 사진인데
내가 나 아닌 것 같아
나라는 국경마저 넘지 못한다
나라는 국경도 못 넘는데 공항에서 잘도 통과시켜주니
다행인데 억울하다 으슬으슬 몸살기가 돈다

이 얼굴보다는 낫지 않는가?
골수 야당도 아닌데 자꾸 그런 생각이 든다
어쨌든 예쁘게 찍히기만 하면 나 같아 마음이 놓이는데

친구들은 나 같지 않다고 하니
나 같은 건 없는지 모른다

한 번도 실물을 보지 못한 내 얼굴을 데리고 다니는 나는

발설

그녀 쪽으로 공을 던졌다
의도적으로 공이 날아가고 있다

하나의 원인과 결과에 대해 사람들은 각자
다른 꽃을 피운다

과정에 대해서는

끝없이 펼쳐진
라벤더밭이거나 혹은
해바라기밭

귀를 고정하고 바라보는 사람들은
뭉게뭉게 지붕 위로 올라오고

보여요? 혹은
들려요?

바라보는 환희가 있지만
나르는 공은 비지땀을 흘리고 있을 거야
〈

연락도 받지 않고 공을 받아 든
그녀는 사방을 둘러본다

소문은 사건보다 다채롭고
각도를 조절할 때마다 배열이 달라진다

모서리가 없는 한 문장을
꽉 붙들고 있다고 생각했는데

기침할 때 그만 공을 떨어뜨려 버렸다
생각 없이 사방으로 튀었다

누님이라는 말

다른 동생들은 누나누나

하는데 15살 연하 늦둥이 막내는 누님한다

누나님도 아니고 누님이라니

너를 낳은 듯 훗배가 아프다

나 없는 누가 되어 판판이 지고 만다

관람하기 좋은 풍경

지는 기분 황홀하다

몸 귀찮고 피곤한 저녁

하필 그런 저녁

배낭 툭 벗어 던지며 누님하고 찾아오면

열흘 장마 중 하루 든 햇빛

짱짱하게 병 도진다

내일 다시 비 내리고

긴 빗줄기에 종아리 넘어 허리까지 젖는다

물난리 나고 너는 다녀간 후라

물 빠지는 마음 조금 더뎌도 좋다 싶다

2025년 3월 비화飛火

　나 저런 년 처음 보았어 의성 육쪽마늘 다 파서 구워 먹고 속이 쓰렸는지 영천 울진 미친 듯 날뛰더니 안동 하회탈이라도 뒤집어쓰고 턱 빠지게 웃어 볼 요량인가 고운사 부처님 말씀 잡아먹고 득도는 무슨! 포항 울산까지 날뛰더니 주왕산 우람한 바위도 구워 먹자 거기로 달려가는구나 나 저런 년 처음 보았어 우왕좌왕 사람들이 모이고 흩어지고 쓰러지고 젖은 수건 입 틀어막고 집 버리고 도망 나왔지 외양간 문 열고 소 엉덩이 때려가며 이놈들아 저년 피하고 봐야 해 산등성이 따라 길길이 바람이야 바람 등 좀 보자 바람의 등을 타고 이랴 동쪽으로 서쪽으로 춤판이라도 벌였는지 돌풍으로 돌아돌아 지리산이 어디야 더러운 세상은 등지고 무고한 세상 잡아먹는다 뜨거운 화관 왕관처럼 둘러쓴 메마른 산들 이것 봐 요즘 세상에 무슨 왕이야 왕 놀이 그만해라 화관 좀 벗어라

후회

가망이 없군 이런 생각이 들 때 시든 꽃이 핀다
시든 꽃이 살아나는 것을 보며
물 주는 때를 놓쳐 죽어 나간 내 집의 화분들을 생각한다

이제 끝이군 이런 생각이 들어 내다 버린 꽃들
혹시 생매장이 아니었는지

마지막 물이라도 한 번 더 줘 볼걸

우린 그것을 후회라고 하지만
후회는 아무것도 살려낼 수 없다

진행

발아래 좌르륵 계단이 떨어졌다
내려갈 때 더 조심하세요
가이드는 언제나 진행이 중요했다
한 마디의 생을 마감할 때 박수갈채를 받고 싶은 것이다
영원회귀의 삶이 무엇인지 알고 있는
그는 니체처럼 콧수염을 기르지는 않았다

지금 이 순간을 즐기세요, 조심하세요

나는 마지막 계단에서 그만 발을 접질렀다

은밀하게 늘어나고 얇아지는 형식으로 계단이 나를 속였다
세상이 나를 속여서 비명을 질렀다 아팠다

발목이 퉁퉁 부어올랐고
일행들이 몰려왔고
진심으로 걱정하는 표정을 보여주었고

가이드는 나를 남겨두고 일행을 데리고 다음 일정지로 떠났다
〈

목숨은 언제나 진행된다

나뭇가지가 툭 부러져도
나무는 자란다

몇 그루 나무가 죽어도 숲은 번창한다

4부

우는 여자

그 사람이 죽어간다고 할 때

한 여자가 조용히 흐느꼈습니다

한 남자가 그녀를 착한 사람이라고 말했습니다

착한 사람이 되기 위해 나머지 여자들이 마저 울었습니다

그러나 울지 않는 한 여자가 있었습니다

한 남자는 입으로 그녀를 나쁜 사람이라고 말하지 않았습니다

자기 방으로 돌아와 우는 한 여자가 있습니다

어둠으로 세수하고 어둠으로 양치질하고 어둠으로 샤워하고 어둠으로 커튼을 치고 어둠의 이불을 덮어쓰고 드러누워 어둠을 중앙부터 적시기 시작합니다 어둠이 모조리 녹을 때까지 계속됩니다

어둠이 꽉 안아주지 않으면 울 수 없는 한 여자가 있습니다

좀처럼 착한 사람이 될 수 없는 한 여자가 있습니다

말린 살구 한 알이 놓여 있는 커다랗고 흰 접시

숨이 멎기도 전에 세상 먼저 버린 엄마가 묻는다

"너거 아부지 아디 가셨노"

"하늘나라에"

오 분 간격으로 묻는다

일 분 간격으로 묻는다

"너거 아버지 어디 가셨노"

이 한 문장으로 살아가시는 치매든 엄마

"아부지 보고 싶제?"

그러면 뭔 소리냐는 듯 어림없다는 듯 손사래 치신다

아버지도 없고 엄마도 없는데

아직도 밀당 중이시다

바짝 마르면 더 달달해지는 살구

꼭지가 썩어도 살구라 불리는 살구

우리 애인은

따뜻하냐구요?

춥습니다

그러나 영하로는 잘 내려가지 않습니다

춥지도 덥지도 않습니다

그런데 춥습니다

비가 오냐구요?

오는 건 아닌데

비가 옵니다

온다고 봐야죠

내일은 좀 따뜻해질 거라는데

춥습니다

비가 오지 않을 거라 하는데

그래도 우산을 준비하는 게 낫죠

오늘도 날씨를 못 맞히었군요

내일은 꼭 맞출 거예요

네, 맞추고 싶습니다

좀 따뜻한 옷도 준비하고

얇은 옷도 하나 가지고 가야 해요

비는 자주 오는데 눈은 잘 오지 않습니다

그런데 안 추운 것은 아닙니다

춥다고 봐야죠

말하자면 한때 세계를 제패했던 영국의

요즘 날씨하고 똑같죠

사회생활

나를 빤히 쳐다보는 검은 돌 하나를 주워
가만히 만져본다
이름이 뭐니,
몇 살이니, 만지고 만졌더니
엄마라고 부른다

나는 농담과 사귀고 있어
농담은 짧은 치마를 입고 가볍고 날카롭지

속도위반을 사랑하고
가죽 재질을 선호하고
절정의 기분에서 커버를 즐기는 그녀가
내 옆구리에 살고 있어

뱉으면 그만이라지만
삼킬 수도 없는 것을 입안에 넣어주는구나

이내 달지도 않고 끝내 쓰지도 않다면
이때의 불안은 꽤 규칙적이야

정말 내가 낳았을까 이 검은 돌

이토록 보잘것없고
이토록 어여쁜

호탕하게 웃으며 깊이 빠져드는 우수
맥주병을 깨니 거품이 사라졌어
다시 주워 담을 수 없는 어정쩡한 상태로 빨갛게 취하는 말

잠이 들면 무생물이 될 거야

침묵은 가장 매력적인 농담이야 비틀어줘
너의 방 문고리가 될 거야

마지막 잎새

더 이상 버릴 것이 없어진 그녀는
돌아서면 화장실에 가고 싶다고 한다

매번 무엇을 버려서 이토록 가벼워지는지

팔랑팔랑
늘어진 팬티 고무줄을 오래 만지작거린다

이해할 수 없는 흘러내림

바람이 불어도 바람이 불지 않아도
흘러내리거나 사라지는 것들

두 주머니에 가득 채워 온 화장지
한 장씩 떼어서 나눠주는 것은
닦아내도 묻어나오지 않는 기억들

절단면이 있어서 다행이야

그녀는 늦가을 담쟁이덩굴, 그래서
나는 아프다 아파서 입원 중이다 눈을 뜨면

창밖으로 우수수 잎사귀를 흘리는 그녀가 보인다

무성했던 잎사귀는 나만의 기억
그녀는 무표정하다

바람이 분다 바람이 분다

나의 병동은 그녀가 보이는 창가
마지막 잎새가 떨어질까 봐
베게 속으로 숨는다 숨어도 숨어도

침대가 너무 포근해서 화가 난다 너무 따뜻해서 춥다

서식지

시장통에서 누군가의 발을 밟았을 때
"죄송합니다"라는 말을 따라온 말
"어딜 보고 다니는 거야!"
다시 "죄송합니다"라는 말을 따라
"재수 없게!" 발을 탁탁 털며

일생에 한 번도 실수해 본 적 없다는 듯 사라지는
재수 없는 돌멩이

옷깃만 스쳐도 악연이 되는

옷깃이 스칠까 봐
대문 안에만 현관 안에만 방문 안에만
남편 안에만 자식 안에만

그런 여자가 그런 것 모두 잊어버리고
안도 밖도 잊어버리고
입던 옷 뒤집어 입고 시장으로 나왔다

 돌아갈 집을 잊어버리고 남편 얼굴을 잊어버리고 자식 얼굴을 잊어버리고

〈
밟은 곳이 세상의 중심이라고 믿는 듯
한 남자의 발을 밟았다

언어 저쪽으로 내동댕이쳐져도
내동댕이쳐진 것도 잊어버리고
다시 한 남자의 발등을 찾아
온갖 언어를 사고파는 시장으로

그녀는 이제 잘 웃는다
소통이 쉬운 지폐처럼

모범답안

손바닥 안에 삶은 달걀이 쥐어져 있다
힌트를 줄 때 너무 심각했던 시간들이 오답을 쓰게 만들어

웃으며 오답을 늘어놓을 때
딩동댕 벨소리가 들리기도 한다

이렇게 쉬운 걸…
어려운 문제를 풀고 난 다음 가끔 내뱉는 말이지만
격하게 끌어안았던 어깨를 풀면서
과연 풀었을까 호탕하게 웃는 소동

첫 번째 단추를 풀자마자 벗겨진 기분이지만
두 번째 단추는 풀어지지 않아
세 번째 네 번째 단추를 마저 풀어도 나는 이 옷을 벗어날 수 없어

붉은 사과야 날아가는 비행기야

넌 진심이니?

사랑에 빠질 때도 정답이 무엇일까 혼란스러웠어

너는 아무것도 묻지 않았다고 했지만 나도 아무것도 묻지 않았다 다만
네게 답을 주려고 우리는 싸웠다

계란을 던지자 바위가 깨졌다

사랑하기 때문에 헤어진다고 대답했지만
다른 이유가 있을 거야 바다를 뒤진다
그곳에 손을 찔러넣고

풀어야 할 게 잡히지 않는다면 문제도 없다
문제가 없는 답을 찾아 나는 좀 더 단정해진다

몽상가들

새파란 가스 불 위로
끓고 있는 붉은 찌개 위로
찌개 국물을 길어 올린 스텐 숟가락 위로
천천히 다가가는 입술
간이 맞나, 맛보기 위해

오랫동안 내 혀는 간 보기에 길들었고
내 혀의 관능은 내 손은 길들였다

간도 안 보고
불도 없이

잡아 올린 거대한 바다표범의 뱃살을
즉석에서 베어 먹는 에스키모인의
야성은 사자처럼 아름답다

바다표범을 바다표범답게 먹어주는 경배
경배가 없는 요리는 잔혹하게 진화하고
야성을 버린 인간은 플라스틱처럼
몽상적이다
〈

썩지 않는 혀의 지층이 침식 중이다

개와 고양이

사이다를 마시거나 소주를 마시거나
톡톡 쏘거나 용기백배하거나
깜짝깜짝 놀라거나 흐물흐물해지거나

건배의 숫자만큼 우리 깊어지는 거니?

내가 술을 못 먹는다는 것은
취한 너의 기분을 모른다는 것
그래서 나는 너를 흉내 낸다

앵무새처럼 아이 러브 유, 아이 러브 유
혹은 지랄하지 마, 지랄하지 마

네가 술을 잘 마신다는 것은
술 취하지 않은 나의 기분을 잘 망각한다는 것
너는 빵처럼 부풀어 올라 내가 딱딱하다고 으르렁거리고
혹은 물걸레처럼 젖어 내가 너무 건조하다고 흐느낀다

무지와 망각의 전선이 만나 싸락눈 내린다
햇살이 산수유 꽃잎 사이사이 깨알처럼 박힌 눈을
소심하게 핥아먹듯이

뾰족하게 취하는 밤

사이다병 속 너의 꼬리
소주병 속 나의 꼬리

꼬리를 '탁' 치면
대가리를 더 높이 쳐드는

여행의 기록

아직 할부가 끝나지 않은 차를 타고 달리면
나와 결혼한 내 애인을 만나러 가는 기분

아내와 심하게 싸우고 난 후
일곱 살 때 죽은 엄마가 생각났다는 남자가
왼쪽 가슴에서 넓은 등으로
옮겨가는 통증을 만져보라 했다

아프다는 것은 살아 있다는 것이라고
손가락 끝 입술이 둥글게 파문 졌다

전화기를 잡고 우는 것이 제일 싫다고도 했다
전화기는 일인다역 너, 오늘은 무엇이 될래?
너무 다정하지는 말아줘
번호를 누르다가 울컥
내가 밟은, 등이 넓은 바퀴벌레
눈물처럼 내장이 터졌을까

신발을 버리고 와서도 발밑이 캄캄하다

과연 어둠의 색깔은 객관적일까

노란 눈 고양이의 노란색으로
빨간 눈 토끼의 빨간색으로

깊이 있게
지중해의 푸른 바닷속으로 빠져들고 싶다

유럽의 골목은 너무 아름다워서 도망치고 싶었다
아들의 아름다운 아내 같은 그 길을 아주 느리게 걸어 도망친 것이
내 여행의 기록이다

늙어서 성공했다

어느덧 자가용이 세 대

한 대는 어린 손주용
한 대는 재롱둥이 몰티즈용
한 대는 혼자 산책할 때 모는 드라이브용

요즘은 벽이 따라다니며 내게 기대오니
깜빡깜빡 햇살 받으며 생각했다

무릎에는 작은 실개천이 흐르기 시작하고
허리엔 제법 암벽도 생기고
머릿속엔 이름 모를 꽃들이 피어나니

돌아가는 길 점점 아름다워지는구나

나무가 되고 싶었지만
일인자로 사는 것은 어려운 것

나무는 햇살을 받으면 은빛 물고기를 품는다
수천 물고기 떼가 바람을 일으키면
떠나온 곳도 바다 돌아갈 곳도 바다라고

〈
출렁이는 한 그루 바다

언제부터였는지 몰라 나무를 버리고
나무가 움켜쥔 정원이 되어

오늘은 어느 차를 운전할까 무릎을 만지는 할머니
꼬부라진 열 손가락이 모두 차 열쇠다

숨겨놓은 일곱 대에 대해선 말이 없다

골목시장

여기서 할복한 사람이 있었다고 믿는 사람이 있다

흘러나온 창자가
버려진 창자가
수습되지 않은 창자가
여기 흐드러져 있다

할복 직전의 사람들이 몰려든다
할복할 자리를 정하고
입술을 깨물어 피를 낸 뒤 무릎을 꺾는다

칼의 위치는 비장한 희망 앞

죽은 사람의 쪼그라든 창자 위를 슬리퍼 끌고
몇 바퀴 돌아 돌아
똬리 튼 순대도 사고 뿌리째 뽑힌 파도 사고
눈 뜨고 죽은 고등어도 사고 허연 사골 뼈도 샀다

아직 할복하지 않은 사람들이
뭉툭해진 손으로 입을 가리고 웃는 동안
밥물은 끓고 그들

〈
눈가로 몰려드는 깊은 주름의 세계

접었다 폈다
접혔다 펴졌다

버나드 쇼에게 고함

 초침이 성실하게 일 초의 일을 일 초 만에 끝낼 때 사과나무의 사과가 일 초의 두께만큼 살이 오른다 사과나무의 일 초는 성실하지도 정확하지도 않다 태양이 큰 사과, 작은 사과, 예쁜 사과, 못난 사과를 선별할 때

 우물쭈물하다가 내 이럴 줄 알았지

 한여름 땡볕처럼 최선을 다해 뜨거웠던 버나드 쇼는 94세로 죽었다

 당신보다 더 이상 어떻게 살아야 하나, 쇼

 아작아작 사과를 베어 문다 큰 사과도 작은 사과도 예쁜 사과도 못난 사과도 사과 맛이라는 것, 모두 한 나무에 열렸던 것들이다

살사댄스

 쌀을 씻는다. 몸과 몸을 비벼서 서로의 감정을 벗겨낸 물이 뽀얗다. 뽀얀 물에 가려 서로의 몸이 보이지 않는다. 그 물 맑아질 때까지 물을 갈아가며 씻는다. 몇 번이고 씻는다. 마침내 쌀알들이 아무 감정 없이 서로 품을 주고 있는 것 보인다. 소나기 쏟아진 후 파란 하늘처럼. 한바탕 지나간 것은 고통일까 쾌락일까. 단단한 쌀이 차진 밥이 되기까지 끓고 넘치고 뜸 들이고 눌어붙고. 이 춤은 너무 격렬해. 목을 꺾으며 그녀가 말했다. 잡았던 손을 놓았다가 다시 잡으며 격렬하지 않으면 지루할 거야. 남자가 익숙한 땀 냄새를 풍긴다. 하루 세 번 쌀밥을 지어먹다가 두 번 지어 먹다가 한 번 지어먹다가. 춤이 끝났다.

해설

욕망하는 신체와 분열하는 언어

고봉준(문학평론가)

　중국 출신의 현대미술가 아이 웨이웨이(Ai Weiwei)는 천안문과 백악관 같은 상징적 기념물을 향해 가운뎃손가락을 날린 〈원근법 연구〉 시리즈로 유명하다. 표현의 자유와 난민의 삶을 주제로 한 그의 작품들은 '가치'의 문제를 질문하고, 제도의 권위를 조롱함으로써 예술의 정치성을 표현한다. 아이 웨이웨이는 "시를 경험하는 것은 현실 너머를 보는 것이다. 물리적인 세계 너머에 무엇이 있는지 찾는 것이며, 다른 삶과 다른 층위의 감정을 경험하는 것이다."라고 주장했다. 이보다 더 간략하고 명확한 현대시에 대한 설명이 있을까. 문제는 현실 너머, 물리적인 세계 너머, 그리하여 다른 삶과 다른 층위의 감정을 드러내는 방법이 선험적으로 주어져 있지 않다는 점이다. 시를 쓴다는 것은 결국 각자의 생각과 경험 등에서 출발해 이 방법을 창안하는 일이다. 어떤 시인은 익숙한, 즉 누군가가 이미 지나간 적이 있는 방법에 의존하여 이것을 찾고자 할 것이다. 우리는 이러한 시적 경향을 전통적이라고 명명한다. 어떤 시인은 낯선, 즉 누구도 이전에 지나간 적이 없는 방법을 통해 이것을 찾고자 한다. 우리는 이러한 시적 경향을 통칭하여 실험적이라고 명명한다. 김종미의 시는 웨이웨이가 그러했듯이 기성의 가치와 제도의 권위에 반(反)하는 방식, 즉 상식으로 굳어진 가치와 형식을 해체하는 방식을 통해 현실 너머의 세계를 드러낸다.

김종미의 시는 부수는 방식으로 만든 건축이라고 말할 수 있다. 여기에서 파괴와 생성은 동전의 양면과 같아서 본질적인 구분이 무의미하다. 그의 시는 무엇을 해체하는가? 시에 관한 상식과 익숙한 시적 스타일에서부터 우리의 일상을 포획하고 있는 가치와 감각에 이르기까지 사실상 기성의 질서와 상식을 해체의 대상으로 삼고 있다. 오해와 달리 이러한 해체적 글쓰기의 목표는 단순한 파괴가 아니다. 파괴 자체는 의미 있는 행위이지만 파괴만으로 예술이, 시가 되는 것은 아니다. 이 해체의 궁극적인 목표는 기존의 시선과 감각에서 벗어남으로써 이전과 다른 각도, 다른 방식으로 사물과 세계를 표현하는 것, 그리하여 우리가 대상에 대해 갖고 있던 통념에서 벗어나 시적 대상에 대한 새로운 감각을 경험하게 하는 것이다. 문학에서 이러한 방식은 흔히 낯설게 하기(defamiliarization)라고 명명된다. 낯설게 하기는 단순한 기법이 아니다. 그것은 상식과 통념이 지배하는 일상적 감각과 시선이 대상을 경험하는 유일한 방식이 아니라는 사실을 환기함으로써 우리의 일상을 떠받치고 있는 감각과 시선이 자연적인 것이 아님을 드러낸다. 이 과정을 통해 예술은 우리에게 이전과 다른 감각과 신체를 경험하게 만든다.

    수소가 둘 산소가 하나라니

    남자가 둘 여자가 하나
    여자가 둘 남자가 하나

    어느 것이 물에 가깝습니까

    끈적이는 생각을 닦아냅니다
    끈적이는 것은 질색이라는 생각을 닦아냅니다

〈

끈적이는 당신과 물에 빠집니다

빠진 후로 수영을 합니다 물에서 살아가는 방식이지요

우리는 숨을 멈춘 이후에 최대한 경쾌해집니다

숲에서는 숨을 멈추지 않아 좋습니다

산이 좋니 바다가 좋니

내기를 좋아하는 사람들은 모순을 즐기지요

네가 좋아

그 소리가 듣고 싶어서요

숲은 시끄러운 물속

물속에서 쏟아지는 물

속에서 자라나는 물방울 물방울 물방울

내가 산소라고 믿을 때 두 명의 아름다운 수소가 나타나 내 팔짱을 낍니다

〈

나는 지금 흐르는 중입니다 혹은

당신의 배꼽에 빠지기 직전이거나 당신의 목젖을 통과
하는 중입니다

-「물」전문

　물은 H2O이다. 이것은 초등학생들도 아는 상식이다. 과학
교과서에는 물이 양전기를 띤 수소와 음전기를 띤 산소가 결
합한 산물이라고 설명되어 있다. 조금 더 쉽게 설명하면 수소
원자 둘과 산소 원자 하나로 이루어진 화합물(분자)이 바로
물이다. 하지만 어떤 과학자들은 이 자명한 상식에 대해 의문
을 제기한다. 가령 과학철학자 장하석은 '물은 H2O일까?'라
는 단순한 질문에서 출발해『물은 H2O인가?』라는 700페이
지짜리 책을 썼다. 이 책에 따르면 물과 H2O, 즉 화학적 물
이 같은 것이라는 우리의 상식적 믿음에는 생각보다 많은 논
점이 숨어 있다. 과학적인 측면에서 생각해 보면 당장 '물'에
는 수소와 산소 외에도 아연, 나트륨, 칼륨, 마그네슘, 철 등
이 들어 있다. 반면 H2O에는 이런 것들이 들어 있지 않다. 그
러니까 'H2O'는 미네랄 등의 불순물이 제거된 순수한 말,
즉 실험실에서 주로 사용하는 액체이다. 이 순수한 물로서

의 H2O는 마시기에 적절하지 않다. 반면 일상적 사물로서의 '물'은 화학적으로는 순수하지 않지만 얼마든지 마실 수 있다. 요컨대 '물'은 마시는 것이지만 'H2O'는 그렇지 않다. 과학적인 의미에서 '물=H2O'라는 등식은 매우 제한적으로만 통용될 수 있다.

김종미의 「물」은 장하석과 다른 방식으로 우리의 상식적 믿음을 뒤흔든다. 이 시의 제목은 '물'이다. '물'은 이 시의 시적 대상이자 제재이다. 그런데 '물'이 'H2O'와 같은 것이 아니듯이 '물'을 "수소가 둘 산소가 하나"라고 표현하면 그 질감은 전혀 달라진다. '물'은 생수, 수돗물, 강물 등처럼 마시는 물이나 흐르는 강을 연상시키지만 'H2O'는 실험실, 과학 등을 연상시킨다. 우리는 특정한 맥락 속에서 사물을 경험한다. 동전의 앞면과 뒷면처럼, 또는 인간의 정신과 육체처럼 이론적·사변적으로는 맥락을 거느리지 않는 무중력 상태의 사물을 상상할 수 있지만, 우리의 일상적 경험에서 그런 경우는 발생하지 않는다. 가령 우리가 '칼'을 경험하는 방식을 생각해 보자. 우리에게 '칼'은 주방에서 음식 재료나 과일과 연결되어 경험되거나 한밤중에 불쑥 우리 앞에 나타나 우리를 위협하는 강도의 신체와 연결되어 경험된다. 동일한 칼이 전자에서는 '요리 도구'라고 불리면서 친근한 느낌을 제공하지만,

후자에서는 '홍기'라고 불리면서 섬뜩한 느낌을 불러일으킨다. 요컨대 시적 대상이나 특정한 사물을 낯설게 만드는 가장 손쉬운 방법은 그것이 놓여 있는 배치나 맥락을 바꾸는 것이다. '물'을 "수소가 둘 산소가 하나", 즉 $H2O$라고 명명하는 것도 비슷하다. 시인은 한 걸음 나아가 '수소'와 '산소'에 성별을 부여한다. 이렇게 되면 $H2O$는 "남자가 둘 여자가 하나/ 여자가 둘 남자가 하나"처럼 둘 중 하나와 동일시될 수 있다. 이런 상태에서 시인은 묻는다. "어느 것이 물에 가깝습니까"라고.

시인은 물이 "수소가 둘 산소가 하나"라는 인식을 계속 밀고 나간다. "내가 산소라고 믿을 때 두 명의 아름다운 수소가 나타나 내 팔짱을 낍니다"라는 진술이 그것이다. '나'가 산소(O)라고 믿을 때 두 명의 수소($H2$)가 나타나 팔짱을 낀다는 것은 $H2O$가 만들어진다는 것이니 "나는 지금 흐르는 중입니다", 또는 "당신의 배꼽에 빠지기 직전이거나 당신의 목젖을 통과하는 중입니다"라는 진술은 결국 '물'의 액체성을 다르게 표현한 것이라고 말할 수 있다. 그렇다면 이 시에 등장하는 '숲'은 어디에서 왔을까? 나는 그것이 '숨'에서 왔다고 상상하면서 이 시를 읽었다. 즉 '물'이라는 기호가 '수영'과 '숨'이라는 기호를 연상시켰고, '숨'이라는 시어가 다시 '숲'이라는 기호를 불러들였으리라고 생각한다. 이러한 연상의 법칙을 통해 '물'과 '숲'은 일상적인 관계와는 전혀 다른 관계, 그러니까 시적 관계에 놓이게 된다. 일상적인 경험에서 '물'과 '숲' 사이에는 상당한 거리가 존재하기 마련이지만 이러한 기호적 연상의 세계에서는 그것이 전혀 불가능하지는 않을 듯하다.

이티처럼 머리통이 큰 나는 모자만 쓰면 비행접시냐고 묻는다 파리에서 지금 도착했는지 곧 파리로 출발할 것인지 궁금해했다 왜 하필 파리일까 피리도 있고 피아노도 있는데 게다가 비행접시는 에펠탑보다 음표를 닮았다

그런 날은 머리통을 좀 줄여야 하나 고민을 하다가 머리통보다 허리통을 줄이는 게 더 쉬울 것 같아 오늘은 방울토마토만 먹을게요

아무도 듣지 않는 대답을 한다

방울토마토는 붉은색 별, 붉은색 별은 차갑지만 오랫동안 존재하는 별이라는데 차갑지만 오래 존재하다니 갑자기 무서워져서

〈

    밤하늘 쪽으로 방울토마토를 버린다 몇 알은 폭죽처럼 터졌다

    십수 년 전 몸을 버린 아버지에 대한 그리움은 내 아들까지
    그 이후엔 그리움 없는 흉터
    터지는 폭죽은 구경하기 좋아 자정까지 아들과 아버지 얘기를 했다

    빠르게 타오르다 사라지는 것은 오히려 푸른색 별이라는데

    세상에서 가장 아름다운 것은 깨끗이 사라지는 일 그러나

    밤하늘일 거야 동그란 소년의 머리통 위 푸른 별 하나 파르르 타오르다 꺼져버린 자국이 있다
                          – 「그리움 없는 흉터」 전문

우리의 일상적 언어활동은 문법과 의미의 연쇄에 따라 수행된다. 언어학자 소쉬르는 언어활동을 계열체와 통합체를 조합하는 행위라고 설명했다. 여기에서 계열체란 수많은 단어 가운데 적절한 단어를 찾는 과정을, 통합체란 그런 단어들을 유기적으로 연결하는 것을 의미한다. 이런 시각에 의하면 모든 단어에는 그것과 어울리는 또 다른 단어들이 뒤따르기 마련이다. 가령 '권리'라는 단어 다음에는 행사하다, 포기하다, 주장하다 등이 뒤따르며, 우리는 그것들 가운데 특정한 것을 선택한다. 물론 그것은 문법과 전달하고자 하는 의미에 의해 결정된다. 달리 말하면 이 계열체와 통합체의 조합이 문법이나 상식적 판단의 범위를 벗어나면 그때의 언어는 매우 낯선 것으로 바뀐다. '나는 누구세요?'라는 시의 제목이 대표적이다. 일상적인 맥락, 즉 커뮤니케이션 상황에서 '나는'과 '누구세요?'가 결합하는 경우는 없다. 일반적으로 '나는'은 '누구인가?'와, '누구세요?'는 '당신은'과 조합된다. 요컨대 시인은 '당신'이 들어가야 할 자리에 '나'를 배치함으로써, 또는 '누구인가?'가 들어가야 할 곳에 '누구세요?'를 배치함으로써 낯선 상황을 연출한다. 이런 맥락에서 보면 '숨'이 '숲'을 연상시킨 것도 이해할 수 있다. 그것들은 의미나 문법이 아니라 다른 요소를 기준으로 연결되었다고 말할 수 있다.

누구나 한 번쯤은 '원숭이 엉덩이는 빨개'라는 가사로 시작되는 동요를 접해본 적이 있을 것이다. 그 노래의 핵심은 단어와 단어가 '의미'가 아니라 시각·미각·촉각 등의 원리에 따라 연결되는 데 있다. 그래서 이 동요는 일종의 말놀이 같은 성격을 갖고 있다. 가령 '빨간'이라는 단어가 '사과'를 연상시키고, '사과'가 '맛있어'라는 단어와 연결되는 것이 대표적이다. 일반적으로 서정시는 '의미'를 중심으로 직조되고 그 중심, 즉 그것들에 일관성을 부여하는 권위는 시인(또는 화자)의 몫으로 이해된다. 그래서 서정시는 시인 개인의 생각이나 느낌, 감정을 표현한 것이며, 대표적인 '고백'의 장르라고 평가된다. '고백'은 이미-항상 '나', 즉 일인칭의 고백이며, 그 고백의 진위와 의도는 오직 '나'에 의해서만 판별될 수 있기 때문이다. 김종미의 시에도 이런 일인칭의 흔적, 고백적인 요소가 전혀 없지는 않다. 하지만 시인은 일인칭 고백체로 발화하면서도 서정시의 관습을 따르지 않는다. 오히려 그 관습을 의도적으로 비틀거나 왜곡함으로써 기존과는 다른 질감의 시를 창조하려고 시도한다. 이 다른 질감의 시가 모더니즘인지를 따지는 일은 본질적이지 않다. 슈만의 음악을 낭만주의라고 말하거나 마크 로스코의 회화를 추상표현주의라고 말하는 것이 그 작품들을 감상하는 데 어떤 도움이 되는가. 중요한 것은 이 낯선 질감의 시와 언어가 펼쳐 보이는 현실 너머의 세계, 다른 삶이나 다른 층위의 감정을 경험하는 일이다.

  인용시를 살펴보자. 화자는 도입부에서 자신의 큰 머리에 얽힌 일화를 소개하면서 "모자만 쓰면 비행접시냐"라는 질문을 받는다는 사실을 고백한다. 그런데 이 진술은 독자의 예상과 달리 "파리에서 지금 도착했는지 곧 파리로 출발할 것인지 궁금해했다"라는 다소 엉뚱한 진술로 굴절된다. 문제는 그다음이다. 화자는 이 엉뚱한 진술과 그 속에 담긴 타인의 질문에 대답하지 않고 "왜 하필 파리일까 피리도 있고 피아노도 있는데"처럼 진술 자체를 이상한 방향으로 이끌어간다. 이 일탈의 시작, 즉 꼭짓점은 '파리'를 '피리'와의 관계로 재규정하는 것이다. "파리에서 지금 도착했는지 곧 파리로 출발할 것인지 궁금해했다"라는 진술에서 '파리'는 특정한 도시를 가리키며, 따라서 그것은 '의미'의 층위에 속한다. 하지만 '파리'가 '피리'로 연결될 때 '파리'는 '의미'의 층위에서 벗어나 '소리'의 층위로 재배치된다. 그리고 '피리'가 '피아노'를 연상시킬 때, '피리'는 '의미'와 '소리'의 층위 모두에서 이탈하여 이른바 '연상작용' 내지 일종의 환유(換喩)처럼 작동한다. 언어 질서에 대한 시인의 일탈은 여기에서 멈추지 않는다. 다음으로 그는 "비행접시는 에펠탑보다 음표를 닮았다"라는 진술처럼 시각적 유사성의 층위를 도입한다. 이 진술에서 '모자-비행접시', '파리-에펠탑', '피리-피아노-음표' 등 이전 발화에 등장한 기호들이 언어학적인 의미의 언어활동과 상관없이 제시된다. 이러한 진술 방식은 무엇, 가령 시인의 감정이나 내면 등을 '표현'하거나 눈앞에 펼쳐진 상황이나 직접적인 경험을 '재현'하기 위한 것이 아니다. 이것은 서정시의 관습, 특히 전통적인 시가 언어를 사용하는 방식에서 벗어남으로써 '언어' 자체를 '시'라는 관념의 한계와 가능성을 향해 개방하려는 실험에 가깝다. 여기에는 서정시를 따라다니는 덕목들, 예컨대 감동이나 위로 같은 가치들이 들어설 여지가 별로 없다.

밤의 속살을 먹기 위해 밤을 깎는다

밤이 어둡다고 하는 사람은 밤에 대해 잘 모르는 사람
밤의 껍질을 한 번도 깎아보지 않은 사람

칼은 손아귀에 꽉 쥐어지는 작은 것이 좋다

한 손에 잡은 밤은 엄지와 검지로 장악하고
야심 차게 밤의 껍질에 칼끝을 대어보지만

단단하고 매끄러운 감촉

두려워, 끝까지 할 수 있을까

단단하고 거칠었던 사람도
매끄럽고 부드러웠던 사람도

떠나갔다 떠나갔다는 생각만 해도 가을이 들이닥치고
나의 계절엔 순서가 없었다

쉽게 사랑에 빠져버리는 습관을 버리려고

밤의 껍질에 칼을 꽂는다
아주 깊게도 말고 아주 얕게도 말고 속살이 닿는 깊이까지

그렇지 않으면 또 하나의 불친절한 운명을 만나야 한다
밤은 속껍질을 보였다가 말았다가
변검술을 보이며 나를 현혹한다
〈

밤은 깊어 질수록 밝아지며

별들이 별자리를 찾아가도

바닥에 수북이 쌓이는 밤의 껍질들은

흩어진 낱말 카드처럼 섞인다 마구 섞여 있어도

문장을 만들고

나는 말이 없어진다 내가 아는 것은

밤의 속살이 단단하고 부드럽고 달콤하다는 것

― 「애매하고 판명한 밤」 전문

　이 시의 제목은 「애매하고 판명한 밤」이다. '애매하고 판명한'이라는 표현은 철학자 데카르트가 진리 추구의 추론규칙으로 제시한 '명석 판명하게 인식된 것만 참된 것으로 간주한다.'에 등장하는 구절을 살짝 비튼 것이다. 데카르트는 이성을 통한 추론만이 우리를 진리로 데려간다고 믿었고, 이러한 추론을 통한 방법적 회의의 결과로 코기토(Cogito), 즉 '생각하는 나'에 도달했다. 데카르트에게 '명석함'은 '어두움'의 반대개념이고, '판명함'은 '혼란함'의 반대개념이다. 시인은 '명석하고 판명한 것'이라는 데카르트의 주장을 '애매하고 판명한'이라고 비틀어 놓는다. 데카르트는 오직 이성만이 우리를 진리로 인도한다고 생각한 철학자이지만 시인은 '이성'의 능력이나 불변하는 것보다는 애매한 것에, 변화하는 것에 더 관심이 많다. 시인은 이 "애매하고 판명한" 감각의 세계를 예증하기 위해 우리 앞에 '밤'이라는 기호를 제시한다. 이 시에서 '밤'이라는 언어기호는 지시 대상이 무엇인지 명석 판명하게 드러나지 않는다. 시인은 '밤'이라는 기호로 밤[栗]과 밤(night) 모두를 "애매하고 판명한" 방식으로 지시한다. 이런 점에서 '밤'은 적당히 모호하고 적당히 판명하다고 말할 수 있다. 동음이의 현상을 활용한 이러한 시적 발상은 종종 언어유희(말장난)로 이해된다. 이러한 동음이의어 사용에 언어유희(말장난)의 의도가 전혀 없다고 말할 수는 없다. 하지만 시인들이 언어유희를 사용하는 것은 유희를 위한 유희 때문이 아니다. 이러한 언어 사용법은 언어에 대한 다른 감각을, 그러니까 우리가 '언어'를 사용하는 기존의 방식을 성찰하게 만든다. 또한 그것은 '언어'와 '사물'에 대한 새로운 감각을 창안하려는 산물이며, 그것을 위해 시인은 때때로 기존의 언어 규칙을 모호하게 만든다. 이 모호성이 드러내는 것은 두 가지이다. 하나는 시에서의 '언어'는 의미 전달의 수단이 아니라는 것, 다시 말해 시어는 특정한 의미나 메시지를 전달하기 위한 언어 사용이 아니라는 사실이다. 다른 하나는 언어 규칙이 세계와 사물에 대한 우리의 경험을 근본적으로 지배한다는 것, 따라서 기존의 질서에서 벗어나기 위해서는 먼저 이 언어 규칙에서 벗어나야 한다는 사실이다. 시인들에게 '언어'는 단순한 수단이 아니라 세상이라는 이름의 억압에 맞서 전쟁을 수행하는 전장(戰場)이다.

그녀는 내가 아는 유일한 외계인이다. 가끔 빈 맥주 캔을 구기며 구겨진 그 공간에 존재하는, 나는 자주 그녀를 방문한다. 그녀는 눈동자 없는 눈으로 나를 똑바로 바라보고 나는 흰자위 없는 눈으로 그녀를 훔쳐본다.

훔쳐보는 떨림, 악보가 만들어지는 순간이다

불발이 뻔한 시한폭탄 초침이 돌아간다. 뻔을 게 뻔한데 폭탄주를 마구 돌리는 기분. 깨진 보석은 서로 속고 속이면서 반짝인다. 당신은 사기꾼입니까?

너무 눈이 부셔 검은 나비들이 떠도는 시야. 발을 헛디디는 쾌락. 나를 어지럽게 만드는 축복. 손가락 하나 까닥하지 않고 내 목에 목줄을 채우는 그녀. 나는 무력해진 두 손을 버리고 앞발을 들어 올린다. 한 자리에서 맴돈 길이 얼마나 멀리 뻗었는지 별자리 같다.

떨어진 빗방울은 다시 승천하여 그녀의 물방울이 되고 퍼져 앉은 노란 호박의 패션이 된다. 링거 수액이 흐르는 길, 좁고 좁은 병동으로 방울방울 떨어지며 들어가면

한없이 팽창하거나 한없이 수축하는 물질이 느껴진다. 일시에 타오르거나 얼어붙는 냄새가 난다. 붉은 가발을 덮어쓴 그녀가 노란 물감을 내게 바른다. 주문은 반복될수록 아름다워져서 물결처럼 처녀의 몸이 돌아온다.

노란색은 얼마나 많은 노란색을 함축하는가. 석양을 마주하고 나는 호박처럼 정성껏 앉아 있다. 얼마나 시간이 흘렀을까. 시간이 흐른다는 게 사실일까. '곧 끝나라'라고 기대하는 나에게 그녀는 결코 '얼마 남지 않았다'라고 말하지 않는다.

― 「쿠사마 야요이 면회 사건」 전문

쿠사마 야요이(草間彌生)는 패턴의 무한반복으로 유명한 일본의 여성 설치미술가이다. 그녀는 1, 2차 세계대전 사이에 일본에서 태어나 전쟁의 그늘 속에서 성장했고 그로 인하여 정신질환과 강박증을 앓았다. 그녀는 자신이 경험한 환영을 작품으로 표현한 것으로 알려져 있다. 가령 무한하게 반복되는 둥근 물방울무늬는 집안의 꽃무늬 식탁보를 본 후 눈에 남은 잔상을 변형한 것으로 그녀의 트레이드마크로 인식된다. 쿠사마 야요이는 강렬한 색채와 동일한 모티브의 반복을 통해 초현실적이고 환상적인 세계를 그려낸다. 자유와 정신의 해방을 상징하는 나비가 등장하는 〈나비 시리즈(Butterflies 'TWAO')〉, 끊임없이 이어지는 거울을 활용하여 무한한 반복의 세계를 보여주는 〈무한 거울방〉, 정신적 혼란과 불안감 속에서 살아온 그녀에게 심리적인 안정감을 가져다준 것으로 알려진 호박을 모티프로 한 〈호박〉은 쿠사마 야요이의 대표작들이다.

'쿠사마 야요이 면회 사건'이라는 제복에서 알 수 있듯이 시인은 쿠사마 야요이 전시회에 다녀온 것으로 보인다. 4연의 '나비', 5연의 '노란 호박'과 '물방울'은 앞에서 설명했듯이 쿠사마 야요이의 작품에서 가져온 것이며, 6연에 등장하는 "붉은 가발을 덮어쓴 그녀"는 쿠사마 야요이가 거대한 노란 호박을 배경으로 삼아 앉아 있는 장면을 형상화한 것으로 보인다. 물론 이 시는 쿠사마 야요이의 작품을 설명하려는 의도에서 창작된 것이 아니다. 그 작품들이 시인-화자에게 끼치는 영향의 경험, 그 작품의 세계가 열어젖히는 현실 너머의 세계가 갖고 있는 아름다움을 표현하는 것이 이 시의 핵심이다. 화자가 쿠사마 야요이의 작품에서 경험하는 아름다움은 우리가 예술 작품에서 느끼는 통상적인 의미의 미(美), 즉 절제, 조화, 균형 등과 무관한 것이다. "너무 눈이 부셔 검은 나비들이 떠도는 시야. 발을 헛디디는 쾌락. 나를 어지럽게 만드는 축복."이라는 진술처럼 화자에게 쿠사마 야요이의 작품은 '쾌락'과 '축복'의 느낌으로 다가온다.

요동치는 내 마음을 좋아해

어제는 죽고 싶었고 오늘은 살만하다가 그저께는 울고 싶었고 내일은 햇살만으로도 흐뭇했다

내 마음이 피아노 건반처럼 요동쳐서

너는 나를 감상한다 눈을 감고

눈 뜨기를 바래

거울에 비친 너를 봐

거울이 깨질 때 나는 소리가 좋아

아무 소리 없이 깨어져 산산조각 흘러내리는 것이 있지
아, 그건 정말 무서운 일이야

(…중략…)

그냥 요동치고 싶어 내버려두면 작은 음표들이 귓바퀴
로 미끄러져 모두 익사해버리지 정말 깨끗하지 않아?
—「봐, 이렇게 사는 거야」 부분

첫 번째 쾌락은 발칵 뒤집는 것

왜 시를 쓰세요? 라고 묻는다면 쾌락을 위하여
왜 청소를 하세요? 라고 묻는다면 쾌락을 위하여
〈

(…중략…)

왜 청소를 하세요? 쾌락을 위해서

검은 솔을 들고 시를 쓴다 몰입 중이라면
쓸고 쓰는 자여 우린 동종 직업이다

— 「나 하나의 청소업체」 부분

 김종미의 화자들은 욕망하는 신체이자 분열증적 주체들이다. 분열증적 주체는 병리학적인 의미에서의 분열증 '환자'를 의미하지 않는다. 여기에서 분열증은 우리의 신체와 정신을 억압하고 욕망을 특정한 방향을 견인하는 억압적 질서를 횡단하려는 욕망의 흐름을 가리킨다. 일반적으로 쿠사마 야요이의 작품을 비롯하여 전위예술로 평가되는 작품들에 주로 분열증이라는 평가가 내려진다. 물론 모더니즘이 전위나 분열증의 동의어, 또는 필요충분조건은 아니다. 먼저 「봐, 이렇게 사는 거야」의 화자에 대해 살펴보자. 이 시의 화자는 "요동치는 내 마음을 좋아해"라고 고백한다. 그녀는 '기도'로 표상되는 심리적 안정감보다 요동치는 마음, 가령 "어제는 죽고 싶었고 오늘은 살만하다가 그저께는 울고 싶었고 내일은 햇살만으로도 흐뭇했다"처럼 매일 매 순간 바뀌는 마음에서 흐뭇함을 느낀다. 그는 고요한 상태보다 "거울이 깨질 때 나는 소리"에 매혹된다. 다음으로 「나 하나의 청소업체」의 화자에 대해 살펴보자. 그녀는 쾌락 지상주의자처럼 이야기한다. 그녀에게는 '시'를 쓰는 이유가 '쾌락' 때문이며, '청소'를 하는 이유도 쾌락 때문이다. '쾌락'이 원인이라는 점에서 '시'와 '청소'는 동급이다. '쾌락'이란 무엇인가? 화자에 따르면 "발칵 뒤집는 것"이다. 이것은 시(詩)가 '청소'와 마찬가지로 기존의 상태를 "발칵 뒤집는 것"이라는 의미이다. 김종미에게 시는 "발칵 뒤집는 것"이다. 무엇을 뒤집는 것일까? '시'에 대한 관념을 비롯하여 우리가 '시적인 것'이라고 생각하는 일체의 관념이 모두 그 대상이 된다. 시의 술어는 '쓰다'이다. 이는 '청소'의 일종인 '빗자루'의 술어인 '쓸다'를 연상시킨다. 시인은 이러한 음성적 유사성에서 착안하여 "쓸고 쓰는 자여 우린 동종 직업이다"라는 새로운 명제를 제안한다. '요동'과 '쾌락'은 안정감과 정반대 상태이다. "발을 헛디디는 쾌락. 나를 어지럽게 만드는 축복."(「쿠사마 야요이 면회 사건」)이라는 진술 역시 같은 맥락이다.

    손바닥 안에 삶은 달걀이 쥐어져 있다

힌트를 줄 때 너무 심각했던 시간들이 오답을 쓰게 만들어

웃으며 오답을 늘어놓을 때
딩동댕 벨소리가 들리기도 한다

이렇게 쉬운 걸…
어려운 문제를 풀고 난 다음 가끔 내뱉는 말이지만
격하게 끌어안았던 어깨를 풀면서
과연 풀었을까 호탕하게 웃는 소동

첫 번째 단추를 벗겨진 기분이지만
두 번째 단추는 풀어지지 않아
세 번째 네 번째 단추를 마저 풀어도 나는 이 옷을 벗어날 수 없어

붉은 사과야 날아가는 비행기야

던 진심이니?
〈

사랑에 빠질 때도 정답이 무엇일까 혼란스러웠어

너는 아무것도 묻지 않았다고 했지만 나도 아무것도 묻지 않았다 다만

네게 답을 주려고 우리는 싸웠다

계란을 던지자 바위가 깨졌다

사랑하기 때문에 헤어진다고 대답했지만

다른 이유가 있을 거야 바다를 뒤진다

그곳에 손을 찔러넣고

풀어야 할 게 잡히지 않는다면 문제도 없다

문제가 없는 답을 찾아 나는 좀 더 단정해진다

―「모범답안」 전문

'쾌락'과 '죽복', 욕망하는 신체와 분열증적 주체의 반대편에 '모범답안'과 '사회생활'이 놓여 있다. 「모범답안」은 "손바닥 안에 삶은 달걀이 쥐어져 있다"라는 진술로 시작된다. 여기에서 '삶은 달걀'은 '삶은 달걀(Boiled egg)'을 가리킨다. 하지만 '삶은 달걀(Life is an egg)'이라는 농담이 계속 독자

의 시선을 붙잡는 것 또한 사실이다. '모범답안'이라는 제목에서 짐작되듯이 이 시의 중요한 논점은 '정답' 혹은 '모범답안'과 '오답'의 대립이다. 화자는 "너무 심각했던 시간들"은 '오답'으로 귀결되지만 "웃으며 오답을 늘어놓"으면 '정답'을 알리는 "딩동댕 벨소리"가 들린다고 진술하고 있다. 이것은 '모범답안'을 찾아야 한다는 강박에 대한 비판으로 읽힌다. 삶이 그러하듯이 예술에도 '모범답안'은 존재하지 않는다. 존재하지 않는 그 '모범답안'을 찾기 위해 우리는 얼마나 많은 '오답'을 쓰면서 살아가는가. 화자는 때로는 "너무 심각했던 시간들"보다 "웃으며 오답을 늘어놓"는 것이 때로는 중요하다고 지적한다. 그 대표적 사례가 "사랑에 빠질 때도 정답이 무엇일까 혼란스러웠어"라는 진술이다. '사랑'에 '모범답안'이나 '정답'이 있을 리가 없다. 하지만 사람들은 그것들이 존재한다고 믿으며 상대에게 '답'을 주려고 애쓴다. "네게 답을 주려고 우리는 싸웠다"라는 진술처럼 이러한 '답'에 대한 강박은 사랑을 아름답게 만들기는커녕 파탄에 이르게 한다. 시인의 이러한 문제의식이 삶이나 사랑만이 아니라 '시'도 겨냥하고 있음은 물론이다.

「모범답안」의 화자가 문제가 없는 답을 찾을 때 '단정'해진다면 「사회생활」의 화자는 '가족'과 마주칠 때 '불안'을 느낀다.「사회생활」에서 화자는 자신을 '엄마'라고 부르는 존재와 우연히 마주친다. 우연히 발견한 '검은 돌' 하나를 들고 만졌더니 그 돌이 화자를 '엄마'라고 부른 것이다. '자신'을 '엄마'라고 부르는 존재와의 마주침을 어떻게 이해해야 할까? 이 시에서 '사회생활'이라는 제목은 '아이'와의 관계, 즉 '엄마'라는 기호를 지시하고 있는 듯하다. 요컨대 '엄마'는 사회적 자아의 이름인 것이다. 이 '엄마'라는 사회적 자아의 반대편에 "짧은 치마를 입고 가볍고 날카"로운 '농담'과 사귀는 또 하나의 '나'가 존재한다. 사회적 존재로서의 '나'와는 매우 이질적인 '그녀=나'는 "속도위반을 사랑하고/ 가죽 재질을 선호하고/ 절정의 기분에서 커버를 즐"긴다. 시인에 따르면 '나'는 이중체이다. '나' 안에는 엄마라는 호칭으로 불리는 '나'와 "짧은 치마를 입고 가볍고 날카"로운, 즉 욕망하는 주체로서의 '나'가 함께 존재한다. 화자는 이 이질적인 자아의 충돌에서 '불안'을 느낀다. 이때 화자는 '술'에 의지한다. 김종미의 시편들은 '쾌락'과 '죽복', 욕망하는 신체와 분열승적 주체에 의해 삶과 예술 모두에서 탈코드화를 실천하려는 몸짓을 보여주었다. 이런 점에서 그녀의 시는 여전히 부수는 방식으로 만든 건축이라고 말할 수 있다. 하지만「사회생활」의 화자가 증명하듯 그 일탈이 언제나 현실이 되는 것은 아니다.

하지만 한 가지 사실만은 분명하다. 시인, 즉 '나'의 심층 어딘가에 '농담'이 살고 있다는 사실이다. 이 '농담'의 또 다른 이름이 첫 시집에서 이상적 자아로 등장하는 '나쁜 여자'가 아닐까.